PARTI OUVRIER

PROGRAMME

ET

RÈGLEMENT 1893

N° d'Ordre

Nom ....

Prénoms ....

Comité ou syndicat ....

Département ....

LE SECRÉTAIRE.

LILLE

Imp. Ouvrière, G. Delory, rue de Fives, 28.

1893

PROGRAMME DU PARTI

(Élaboré en conformité des décisions du Congrès national tenu à Marseille du 20 au 31 octobre 1879, confirmé par le Congrès national tenu au Hâvre du 16 au 22 novembre 1880, maintenu en vigueur par le Congrès national tenu à Reims du 30 octobre au 6 novembre 1881, complété par le Congrès national de Roanne du 26 septembre au 1er octobre 1882, et sanctionné par le Congrès national tenu à Roubaix du 29 mars au 7 avril 1884).

Considérant,

Que l'émancipation de la classe productive est celle de tous les êtres humains sans distinction de sexe ni de race ;

Que les producteurs ne sauraient être libres qu'autant qu'ils seront en possession des moyens de production (terres, usines, navires, banques, crédit, etc.) ;

Qu'il n'y a que deux formes sous lesquelles les moyens de production peuvent leur appartenir :

1· La forme individuelle, qui n'a jamais existé à l'état de fait général et qui est éliminée de plus en plus par le progrès industriel ;

2· La forme collective, dont les éléments matériels et intellectuels sont constitués par le développement même de la société capitaliste ;

Considérant,

Que cette appropriation collective ne peut sortir que de l'action révolutionnaire de la classe productive — ou prolétariat — organisée en parti politique distinct ;

Qu'une pareille organisation doit être poursuivie par tous les moyens dont dispose le prolétariat, y compris le suffrage universel transformé ainsi d'instrument de duperie qu'il a été jusqu'ici en instrument d'émancipation ;

Les travailleurs socialistes français, en donnant pour but à leurs efforts l'expropriation politique et économique de la classe capitaliste et le retour à la collectivité de tous les moyens de production, ont décidé, comme moyen d'organisation et de lutte, d'entrer dans les élections avec les revendications immédiates suivantes :

A. — *Partie politique.*

1· Abolition de toutes les lois sur la presse, les réunions et les associations et surtout de la loi contre l'Association internationale des Travailleurs. — Suppression du livret, cette mise en carte de la classe ouvrière, et de tous les articles du Code établissant l'infériorité de l'ouvrier vis-à-vis du patron et l'infériorité de la femme vis-à-vis de l'homme ;

2· Suppression du budget des cultes et retour à la nation « des biens dits de main-morte, meubles et immeubles, appartenant aux corporations religieuses » (décret de la Commune du 2 avril 1871), y compris toutes les annexes industrielles et commerciales de ces corporations ;

3· Suppression de la Dette publique ;

4· Abolition des armées permanentes et armement général du peuple ;

5· La Commune maîtresse de son administration et de sa police.

B. — *Partie économique*

1· Repos d'un jour par semaine ou interdiction légale pour les employeurs de faire travailler plus de six jours sur sept. — Réduction légale de la journée de travail à huit heures pour les adultes. — Interdiction du travail des enfants dans les ateliers privés au-dessous de quatorze ans ; et, de quatorze à dix-huit ans, réduction de la journée de travail à six heures ;

2· Surveillance protectrice des apprentis par les corporations ouvrières ;

3· Minimum légal des salaires, déterminé, chaque année, d'après le prix local des denrées, par une commission de statistique ouvrière ;

4· Interdiction légale aux patrons d'employer les ouvriers étrangers à un salaire inférieur à celui des ouvriers français;

5· Egalité de salaire, à travail égal, pour les travailleurs des deux sexes ;

6· Instruction scientifique et professionnelle de tous les enfants mis pour leur entretien à la charge de la société, représentée par l'Etat et par la commune ;

7· Mise à la charge de la société des vieillards et des invalides du travail ;

8· Suppression de toute immixtion des employeurs dans l'administration des caisses ouvrières de secours mutuels, de prévoyance, etc., restituées à la gestion exclusive des ouvriers ;

9· Responsabilité des patrons en matière d'accidents, garantie par un cautionnement versé par l'employeur dans les caisses ouvrières, et proportionné au nombre des ouvriers employés et aux dangers que présente l'industrie ;

10· Intervention des ouvriers dans les règlements spéciaux des divers ateliers, suppression du droit usurpé par les patrons de frapper d'une pénalité quelconque leurs ouvriers sous forme d'amendes ou de retenues sur les salaires (décret de la Commune du 27 avril 1871) ;

11· Annulation de tous les contrats ayant aliéné la propriété publique (banques, chemins de fer, mines, etc.), et l'exploitation de tous les ateliers de l'Etat confiée aux ouvriers qui y travaillent ;

12· Abolition de tous les impôts indirects et transformation de tous les impôts directs en un impôt progressif sur les revenus dépassant 3,000 francs. — Suppression de l'héritage en ligne collatérale et de tout héritage en ligne directe dépassant 20,000 francs.

PROGRAMME MUNICIPAL

(Elaboré par le 9ᵉ Congrès national du Parti, tenu à Lyon du 26 au 28 novembre 1891, à l'unanimité des 298 groupes et syndicats représentés).

Article premier. — Institution de cantines scolaires où les enfants trouveront à prix réduit ou gratuitement un repas de viande entre la classe du matin et la classe du soir ; et, deux fois par an, à l'entrée de l'hiver et de l'été, distribution de chaussures et de vêtements.

Art. 2. — Introduction, dans le cahier des charges pour les travaux de la ville, de clauses réduisant à huit heures la journée de travail, garantissant un minimum de salaire déterminé par le Conseil d'accord avec les corporations et interdisant le marchandage aboli par un décret-loi de 1848. — Organisation d'un service d'inspection chargé de veiller à l'exécution de ces clauses.

Art. 3. — Bourse du travail confiée à l'administration des syndicats ouvriers et des groupes corporatifs.

Art. 4. — Suppression des taxes d'octroi sur les denrées alimentaires.

Art. 5. — Exemption pour les petits loyers de toute cote mobilière et personnelle, reportée sur les loyers d'un taux supérieur progressivement imposés. — Assainissement et réparation aux frais des propriétaires des logements reconnus insalubres. — Imposition des terrains non bâtis proportionnellement à leur valeur vénale et des locaux non-loués proportionnellement à leur valeur locative.

Art. 6. — Placement par les municipalités et les Bourses de travail ou les syndicats et retrait des autorisations aux placeurs.

Art. 7.—Création de *maternités* et d'asiles pour les vieillards et les invalides du travail. — Asiles de nuit et distribution de vivres pour les passagers et les ouvriers à la recherche de travail sans résidence fixe.

Art. 8. — Organisation d'un service gratuit de médecine et d'un service de pharmacie à prix réduits.

Art. 9. — Etablissements de bains et de lavoirs publics et gratuits.

Art. 10. — Création de *sanatorium* pour l'enfance ouvrière et envoi dans les *sanatorium* existants aux frais de la commune.

Art. 11. — Service de consultations judiciaires gratuites pour les litiges intéressant les ouvriers.

Art 12. — Rétribution des fonctions municipales au taux minimum des salaires ouvriers, à l'effet de ne pas exclure de l'administration de la commune une classe entière de citoyens, la plus nombreuse, celle qui n'a que son travail pour vivre.

Art. 13. — En attendant que soit remaniée dans un sens conforme aux intérêts du travail la juridiction de la prud'homie, rétribution des prud'hommes ouvriers à un taux qui leur assure l'indépendance absolue vis-à-vis du patronat.

Art. 14. — Publication d'un bulletin municipal officiel et affichage des décisions prises par le Conseil.

PROGRAMME AGRICOLE

(Elaboré par le 10e Congrès national du Parti, tenu à Marseille du 24 au 27 septembre 1892, à l'unanimité des

718 groupes, syndicats et conseils municipaux représentés).

Article premier. — Minimum de salaire fixé par les syndicats ouvriers agricoles et par les conseils municipaux, tant pour les ouvriers à la journée que pour les loués à l'année (bouviers, valets de ferme, filles de ferme, etc.)

Art. 2. — Création de prud'hommes agricoles ;

Art. 3. — Interdiction aux communes d'aliéner leurs terrains communaux ; amodiation par l'Etat aux communes des terrains domaniaux, maritimes et autres actuellement incultes ; emploi des excédents des budgets communaux à l'agrandissement de la propriété communale ;

Art. 4. — Attribution par la commune des terrains concédés par l'Etat, possédés ou achetés par elle, à des familles non possédantes, associées et simplement usufruitières, avec interdiction d'employer des salariés et obligation de payer une redevance au profit du budget de l'assistance communale ;

Art. 5 — Caisse de retraite agricole pour les invalides et les vieillards, alimentée par un impôt spécial sur les revenus de la grande propriété ;

Art. 6. — Achat par la commune de machines agricoles et leurs location à prix de revient aux cultivateurs ; — Création d'associations de travailleurs agricoles pour l'achat d'engrais, de drains, de semences, de plants, etc., et pour la vente des produits ;

Art. 7. — Suppression des droits de mutation pour les propriétés au-dessous de 5000 francs ;

Art. 8. — Réduction par des commissions d'arbitrage, comme en Irlande, des baux de fermage et de métayage, et indemnité aux fermiers et aux métayers sortants pour la plus-value donnée à la propriété.

Art. 9. — Suppression de l'article 2102 du code civil

donnant aux propriétaires privilège sur la récolte et suppression de la saisie-brandon, c'est-à dire des récoltes sur pied; constitution pour le cultivateur d'une réserve insaisissable comprenant les instruments aratoires, les quantités de récoltes, fumiers et têtes de bétail indispensables à l'exercice de son métier ;

Art. 10. — Révision du cadastre, et, en attendant la réalisation de cette mesure générale. révision parcellaire par les communes ;

Art. 11. — Cours gratuits d'agronomie et champs d'expérimentation agricoles.

RÈGLEMENT DU PARTI

TITRE I.

DÉNOMINATION DU PARTI

Article premier. — Le titre du Parti est : Parti ouvrier, — qui dit Parti ouvrier disant constitution des travailleurs en parti de classe pour l'expropriation politique et économique de la classe capitaliste et la socialisation des moyens de production.

TITRE II

COMPOSITION DU PARTI

Art. 1er. — Le Parti comprend tous ceux et toutes celles qui. ayant adhéré à son programme, se conformeront au présent règlement.

Art. 2. — Il se compose de groupes et de fédérations — locales, départementales ou régionales — en rapports constants avec le Conseil national au moyen de secrétaires nommés à cet effet et dont la nomination devra être immédiatement transmise au Conseil.

TITRE III

ADMINISTRATION DU PARTI

Art. 1er. — Le Parti est administré par un Conseil national élu par le Congrès national annuel et placé sous le contrôle des groupes existants dans la ville où il siège.

Il est composé de sept membres.

Art. 2. — Le Conseil national nomme dans son propre sein un secrétaire pour l'intérieur et un secrétaire pour l'extérieur — ces deux fonctions devant autant que possible être rétribuées.

Art. 3. — Les dépenses du Conseil national sont couvertes :

(a) Par une contribution collective d'au moins 1 fr. par mois, par groupe ou syndicat adhérent ;

(b) Par un droit de 5 0[0 sur le produit net de toute réunion, conférence, fête, etc., organisée par les groupes du Parti.

(c) Par une carte d'adhérent, du prix de dix centimes, que chaque membre du Parti est tenu de se procurer chaque année.

Art. 4. — Le Conseil national a le droit d'organiser pour les besoins de sa gestion des réunions et des souscriptions.

Art. 5. — Le Conseil national veille à l'exécution des décisions des Congrès nationaux.

Il prend toutes les mesures que peuvent commander les circonstances et dont il est responsable devant le prochain Congrès.

TITRE IV

DIRECTION DU PARTI

Art. 1er. — La direction du Parti appartient exclusivement au Parti lui-même réuni en Congrès national annuel.

Art. 2. — Les décisions des Congrès nationaux font loi et tout membre ou groupe qui refuserait de s'y conformer se mettrait lui-même hors du Parti.

TITRE V

CONGRÈS DU PARTI

Art. 1er. — Il sera tenu chaque année un Congrès national du Parti.

L'organisation de ce Congrès est confiée aux groupes de la ville où il se réunira.

Art. 2. – Ce Congrès doit être convoqué trois mois à l'avance par le Conseil national. Chaque Congrès détermine la ville où se tiendra le Congrès suivant.

Art. 3. — Le Conseil national devra se faire représenter au Congrès par une délégation d'un ou de plusieurs membres. La délégation aura à rendre compte de la gestion du Conseil et à présenter un rapport détaillé sur l'état du Parti.

Elle prendra part à la discussion, mais non au vote.

TITRE VI

DISPOSITIONS COMPLÉMENTAIRES

Art. 1er. — Le Parti a un organe central, *le Socialiste*, publié par les soins et sous la responsabilité du Conseil national et auquel tous les membres du Parti sont invités à s'abonner.

Art. 2. — Tout différend survenant entre des groupes ou des membres du Parti devra être déféré à un conseil arbitral nommé en nombre égal par chacune des parties.

La partie qui se croirait lésée pourra en appeler soit au Conseil national, soit au prochain Congrès national qui prononceront en dernier ressort.

Tout groupe ou membre s'interdit de porter sa querelle en dehors du Parti par voie de presse, de réunion publique ou tout autre moyen.

Art. 3. — Les cartes d'adhérents porteront le timbre du Conseil national, ainsi que le timbre de la fédération ou du groupe auquel appartient l'adhérent.

Art. 4. — En dehors de cette carte, chaque membre du Parti devra être muni du Programme et du règlement général qui seront tenus à la disposition des fédérations et des groupes par le Conseil national, au prix de dix centimes.

PARTI OUVRIER

(Section Lilloise)

Règlement d'Intérieur de la Section

Article premier. — Il est institué dans la ville de Lille et dans son rayonnement, entre tous ceux et toutes celles qui adhèrent au Parti ouvrier, à son programme, à son but et aux décisions de ses Congrès, un Comité central intitulé SECTION LILLOISE.

Art. 2. — Ce Comité central dirige, organise, administre tout ce qui concerne l'agitation, la propagande les intérêts du Parti dans toute la section suivant les décisions prises par les Congrès.

Une Commission composée de deux délégués par Comité de quartier est chargée de faire exécuter les décisions de la Section, elle se réunit tous les deuxième et dernier jeudis de chaque mois et toutes fois qu'elle le jugera nécessaire.

Art. 3. — La section lilloise se réunit en assemblée générale le premier jeudi de chaque mois, toutes les fois que la Commission administrative le jugera nécessaire et sur la demande de dix membres.

Tous les membres présents à ces réunions générales ou extraordinaires composent dans leurs ensemble le Comité central et y prennent en commun des décisions qui ont force de loi.

Art. 4. — Les décisions du Comité central sont rendues exécutoires par les Comités de quartiers ou des communes rurales qui se trouvent dans le rayon de la section.

Ces comités ne sont chargés que de mettre en application les décisions du Comité central dans leur centre d'agitation et doivent faire toute la propagande désirable dans leurs milieux.

Art. 5. — La cotisation est de 30 centimes par membre et par mois, excepté la première cotisation de l'adhérent et celle du mois de Novembre qui sont de 50 centimes, contre lesquelles remises sera faite d'une carte, du programme et du règlement du Parti.

Chaque comité de quartier ou rural doit verser au Comité central 20 centimes par membre et par mois. Il ne conserve sur chaque cotisation qu'un droit de 10 centimes devant servir à ses frais d'administration. Le surplus ne pourra être dépensé sans un avis favorable du Comité central, qui a le droit, quand il le juge nécessaire, de faire entrer à la section tout l'argent dont disposent les comités de quartier.

En outre, les comités de quartier doivent payer au Comité central au prix de 10 centimes, les cartes et les règlements dont ils auront besoin.

Art. 6. — Tout membre qui remplit ses devoirs primordiaux envers le Parti a le droit de discussion et de vote au Comité central. S'il quitte un quartier pour aller dans un autre, il peut, s'il le juge nécessaire, se faire inscrire dans le Comité de son nouveau quartier ou dans le Comité qu'il juge à son goût.

Art. 7. — Sont exempts de cotisations les membres malades, en chômage ou exécutant une période de service militaire. Tout membre ayant été trois mois sans payer sera averti par son Comité de quartier le troisième mois et le quatrième par le Comité central. Après ces deux avertissements, s'ils ne régularise pas sa situation, il sera rayé et ne pourra rentrer dans un autre Comité qu'en payant les cotisations en retard.

Art. 8. — Dans chaque Comité de quartier ou rural, il sera désigné : un secrétaire pour faire les convocations, les procès-verbaux des séances et pour tenir le Comité central au courant de ce qui ee passe dans son Comité et dans son milieu ; un trésorier chargé de la situation financière de son Comité, de régler avec le Comité central tous les mois, et, tous les trois mois, de soumettre au contrôle de la section ses livres de compte.

Art. 9. — Tous les trimestres il y aura au Comité central réunion spéciale et générale pour le contrôle des comptes des comités, pour l'exposé de la situation matérielle et financière des divers services collectifs (presse, journal, etc.) de la section, pour les rapports des secrétaires sur la situation de leurs Comités et de leurs quartiers ou communes, et pour décider sur les contestations personnelles et de groupes qui pourraient se produire.

Art. 10. — Toute section qui pour organiser les forces ouvrières ou pour aider à la propagande socialiste aura besoin du concours de la Section Lilloise devra en avertir le Conseil administratif qui aura le droit de leur envoyer des délégués, s'il le juge nécessaire.

Les frais de déplacement seront à la charge des dites sections.

Art. 11. — Le Conseil administratif pourra envoyer des délégués du Parti dans les Comités de quartier et dans les centres en organisation aux frais de la Section.

Art. 12. — La section est modifiable, mais indissoluble.

Les décisions du Comité central ne peuvent être annulées qu'en assemblée générale convoquée à cet effet

En adhérant à la Section, tout membre doit obéir à la discipline qu'il s'impose librement pour le triomphe de la cause

Il s'engage à ne jamais faire parti d'un autre Comité politique et à ne pas s'occuper d'autre élections que celle du Parti.

Art. 13. — En période électorale, le Comités de quartiers ou ruraux, où il y aura lutte, seront déclarés en permanence. Il y aura réunion chaque jour. pour prendre les mesures d'agitation nécessaires à la marche progressive du Parti.

Art. 14. — En cas d'événement graves dans l'ordre politique ou dans l'ordre social, le Conseil d'administration se réunira d'urgence et les membres de la Section devront se présenter au siège du Comité central pour aider le conseil dans l'élaboration des voies et moyens à employer pour parer aux événements, pour les faire profiter, si possible, à l'action du Parti ouvrier.

Ces sortes de réunions seront reconnues légales, et leurs décisions devront être mises en vigueur.

Art. 15. — Le Secrétaire du Comité central est chargé d'envoyer tous les trimestres dans les Comités de la Section un état de la situation matérielle et financière.

Art. 16. — Tout membre de la Section élu par le corps électoral, à quelque degré que ce soit, appartient avant tout et pour tout au Parti qui lui dicte sa ligne de conduite et surveille ses actes.

Il ne pourra remplir plusieurs mandats politiques.

Il n'a pas le droit de donner sa démission de mandataire sans l'autorisation de la Section.

S'il quitte le Parti pour n'importe quel motif, il doit se démettre de son mandat.

En cas d'infraction à cet article, le devoir de tous les membres du Parti est de clouer le traître au pilori de l'opinion publique.

FIN

www.ingramcontent.com/pod-product-compliance
Lightning Source LLC
Chambersburg PA
CBHW060731280326
41933CB00013B/2599